"Pages actuelles"

1914-1918

Le Martyre

du

Curé de Varreddes

par

F. MARTIN-GINOUVIER

BLOUD & GAY
ÉDITEURS

PARIS
3, Rue Garancière

BARCELONE
35, Calle del Bruch

1918

TABLE DES MATIÈRES

SOUVENIRS

Quoique ayant occupé auprès du Cardinal Pie
une situation enviable, l'abbé Fossin, depuis
de longues années, avait renoncé à briguer les
honneurs ecclésiastiques. Son titre de chanoine de
Poitiers lui suffisait, parce qu'il lui rappelait
toute la verdeur de son jeune apostolat en plein
épanouissement. Son unique ambition était de
mourir humble curé de campagne. Cela est si
vrai, que peu de temps après avoir été nommé
curé de Varreddes, il choisissait, au champ de
repos de sa paroisse, la place de sa sépulture —
désirant de dormir, disait-il, son dernier sommeil au milieu de ses brebis, afin d'être sûr
d'avoir toujours leur souvenir pieux et affectueux.

Mais le Destin a ses décrets mystérieux, pour
certaines individualités, il leur réserve à sa conve-
nance ses décrets insoupçonnés de la dernière
heure.

C'est ce qui est arrivé pour l'abbé Fossin. Si
jamais un de ses amis s'était avisé de lui dire
qu'il serait un jour martyr de sa foi et de son
patriotisme, avec sa bonne et ronde bonhomie,
il aurait souri en disant :

— D'un martyr je n'en ai point l'étoffe.

Cette étoffe il l'a eu amplement, puisque c'est
le seul prêtre du diocèse de Meaux qui ait été,
malgré son caractère et son âge, victime de la
brutalité allemande.

A ce titre, son nom restera désormais lié à cette

célèbre bataille de la Marne, que nos petits-enfants se raconteront. Il sera inscrit sur son martyrologe. Et un jour prochain, un monument honorera et commémorera sa mémoire, et celles de ses compagnons de glorieux Sacrifice.

En attendant ce jour, je veux aujourd'hui effeuiller en ces pages, sur sa tombe vide, puisque son corps, malgré les diligentes recherches de ses amis, n'a pu être retrouvé, les fleurs de l'amitié que notre long commerce d'âme avait fait épanouir.

Mes yeux d'ami s'obstinent à le revoir évoluer malgré le poids des ans, comme au temps de sa jeunesse, distribuant à ceux qui allaient devenir ses bourreaux, sa charité apostolique.

Oui, je veux encore le revoir au milieu des brancardiers, sa main étendue disant aux morts : « *Resquiescat in pace* », ou bien aux pénitents : « *Ego vos absolvo* » !

Dès que le martyre ne fut plus discutable, le bon curé de Varreddes se plongea certainement dans les méditations des Vérités Éternelles, et tout le reste le laissa étranger. Les yeux illuminés par les clartés de l'Au-Delà, il dit mentalement à ses bourreaux :

— Vous aurez mon corps, mais point mon âme de vrai français, et hardiment il consomma son sublime sacrifice :

> Notre âme est en tes mains, que notre corps expire,
> Que tout soit consommé, Dieu, de ce qui fut nous ;
> Que la flamme nous brûle et le fer nous déchire :
> Mais qu'elle vive, notre France au nom si doux.

Nobles oblations propitiatoires, renouvelant avec le sel du terroir, le baptême de la race.

VERS LA MARNE VIOLÉE

En ces jours d'anniversaires sanglants, il nous
sera bien permis de suivre par la pensée ce retour
en arrière, vers ces jours d'angoisse que nul ne
voudrait revivre, du début de septembre 1914.
Personne, pas une âme française digne de ce nom,
ne peut oublier le drame poignant qui se déroula
à ces dates mémorables, désormais historiques,
autour de Meaux, et de quelle effroyable tuerie
Villenoy, Neufmoustier, Chambry, Germigny,
Varreddes furent le théâtre.

Ces noms, qui sonneront désormais dans l'Histoire comme autant de charges héroïques, ont
droit au martyrologe de la terre française, vio-
lée par la horde infâme se ruant à l'assaut de
Pariss! — Pariss! ce nom qu'ils répétaient dans
leur exécrable langage comme le but suprême de
leur sanglante entreprise.

Nos morts héroïques, qui dorment dans les
champs de la Brie, à Etrepilly, à Saint-Soupplet,
à Varreddes, à Betz, à Nanteuil-le-Haudouin,
savent avec quelle âpreté ils marchaient vers
Paris, le soleil du Monde, le reposoir de l'Esprit,
la flamme vivante de l'Humanité, en mal d'en-
fantement d'une société moralement équilibrée.

O Marne! ô Marne de la Délivrance, nom auguste, nom agréable à l'Histoire de cette grande guerre, tu resteras pour les siècles le bouclier de la civilisation.

Le général Bonnal, résumant cette action mémorable qui sauva Paris et la France et dont la première phase est la bataille de l'Ourcq, dit : « La bataille de l'Ourcq, qui a préparé et rendu possible la victoire de la Marne, a été provoquée par une faute allemande imputable au service d'exploration, faute que le général Galliéni a saisie sur-le-champ, et qui a été exploitée d'abord par la 6ᵉ armée et ensuite par les autres armées grâce aux ordres lancés le 4 et le 5 septembre par le commandant en chef des armées anglo-françaises, le général Joffre. »

J'esquisse cette manœuvre de la Bataille de la Marne, qui restera désormais chez les Allemands comme le prélude de leur défaite, d'après la *Revue des Études* (1).

Cette étude n'est pas un récit de la fameuse bataille, qui nous rend si fiers de nos braves poilus, — récit qui a déjà paru sous dix plumes pleines de brio patriotique.

L'auteur ambitionne surtout de mettre en relief le caractère, la physionomie tactique de la victoire et la pensée stratégique qui l'a inspirée, et qui a fait sortir du quartier-général la belle proclamation du généralissime Joffre :

La sixième armée vient de soutenir pendant cinq jours entiers, sans interruption ni accalmie, la lutte contre un adversaire nombreux et dont le

(1) Numéro du 5 juin 1917

succès avait jusqu'à présent exalté le moral. La lutte a été dure; les pertes par le feu, les fatigues dues à la privation de sommeil et parfois de nourriture ont dépassé tout ce que l'on pouvait imaginer; vous avez tout supporté avec une vaillance, une fermeté et une endurance que les mots sont impuissants à glorifier comme elles le méritent.

Camarades, le général en chef vous a demandé, au nom de la patrie, de faire plus que votre devoir; vous avez répondu au delà même de ce qui paraissait possible. Grâce à vous, la victoire est venue couronner nos drapeaux. Maintenant que vous en connaissez les glorieuses satisfactions, vous ne la laisserez plus échapper.

Quant à moi, si j'ai fait quelque bien, j'en ai été récompensé par le plus grand honneur qui m'ait été décerné dans une longue carrière : celui de commander des hommes tels que vous.

C'est avec une vive émotion que je vous remercie de ce que vous avez fait, car je vous dois ce succès vers quoi étaient tendus depuis quarante-quatre ans tous mes efforts et toutes mes énergies : la revanche de 1870.

Merci à vous et honneur à tous les combattants de la sixième armée !

Claye (Seine-et-Marne), 10 septembre 1914.

JOFFRE (1).

Contresigné : MAUNOURY.

(1) Méditons l'hommage rendu par la *Gazette de Cologne* à notre Joffre ;

« Même si Joffre, écrit-elle, ne doit pas être qualifié de génie, on est pourtant obligé de lui laisser la réputation d'un général hors pair, qui s'entend à tirer profit des leçons reçues de l'ennemi.

« O Marne ! de quels patriotiques et religieux accents te saluerait, aujourd'hui, notre grand Bossuet, lui qui aimait tant à se promener sur tes rives paisibles, à Germigny ! lui qui t'a si bien chantée, en latin, dans son hymne en l'honneur de saint Barthélemy, patron de la paroisse (1). »

Revenons à notre esquisse qui démontre amplement la grandeur de cette tactique de contre-offensive.

Les premières offensives d'août étaient pour le moins prématurées. Elles étaient exposées au désastre dans lequel elles ont failli sombrer, parce que nos armées de réservistes, sans cohésion, sans amalgame et sans entraînement, ne pouvaient pas, dès leur descente des wagons, être un instrument d'offensive générale suffisamment trempé. Il faut admirer que la folie présomptueuse de ces offensives, ait fait aussi vite place à la sagesse d'une manœuvre presque générale. Cette manœuvre est le triomphe de notre doctrine militaire, de l'enseignement de l'École de guerre, où se sont formées les générations d'officiers qui composaient nos grands états-majors, et particulièrement le grand quartier-général.

« Nos amis anglais, dit le général Cherfils, ont la belle virilité d'accuser leurs fautes, avant même

« En outre, il a l'habileté de réprimer tous les accès d'initiative hasardée, car il sait qu'en vue d'une grande offensive cela est absolument nécessaire. »

Ces paroles sont bonnes à retenir, puisque l'ennemi qui a subi la poigne de notre chef en accuse le coup.

(1) *Figaro* du 30 avril 1917. — *Parole Prophétique sur bataille de la Marne*, par l'abbé Formé.

qu'elles aient été corrigées par le succès. Ainsi ils tirent de celles-là l'enseignement qui assure celui-ci. Notre courage serait moins admirable de fixer la moralité de nos fautes initiales, alors que le vent victorieux de la Marne en efface l'erreur avec de la gloire. »

On donne, sur la formation de la VIᵉ armée Maunoury, ces détails peu connus. Après la griserie des premiers succès en Alsace et en Lorraine, on a formé dans la région de Verdun-Étain une VIᵉ armée, sous le vocable *d'armée de Lorraine*. Le général Maunoury a quitté Paris le 17 septembre, pour en prendre le commandement. Son objectif était Metz. Notre grand état-major a eu vite fait de revenir de ses illusions et de se ressaisir. Voilà une des clefs du miracle de la Marne. Il a compris qu'il suffisait d'avoir en Lorraine et en Alsace une grande flanc-garde pour maintenir les VIᵉ et VIIᵉ armées allemandes, et que notre effort principal devait s'appliquer contre la masse principale ennemie dévalant par la Belgique et les Ardennes. Le 22 août, la VIᵉ armée a commencé ses embarquements, pour être transportée dans la région d'Amiens. Elle devait y faire un front offensif, destiné à favoriser l'arrêt de notre retraite générale et la reprise de notre offensive.

Un autre fait affirme la persistance de notre plan de contre-offensive, c'est l'annonce au maréchal French, le 23 août, d'une armée de trois corps, 4ᵉ, 9ᵉ et un corps de réserve, dirigée sur le front pour y étayer sa manœuvre. Cette armée devait être celle du général Foch. Elle n'a pu aller jusqu'au maréchal French. Le général Foch a reçu les éléments de son armée à Machault, en Champagne. C'est le 5 septembre qu'elle s'est appelée la IXe armée. Elle allait s'intercaler au centre, entre les Ve et IVe armées.

Ainsi, la résolution a priori d'une contre-offensive générale était bien avérée dans l'esprit du grand commandement. Après avoir espéré qu'elle pourrait se déclencher en Picardie, le grand quartier-général en avait reculé l'exécution jusqu'à la Seine, pour utiliser le butoir de Paris et y arc-bouter sa manœuvre. Une circonstance est intervenue, qui a été saisie avec un à-propos de génie et a fait rebondir l'offensive sur la Marne dès le 6 septembre.

Le 3 septembre, à midi, le capitaine Bellenger, commandant les escadrilles de la VIe armée, avait, par ses propres reconnaissances et celles de ses aviateurs, notamment le capitaine Mongin-Davarenne, reconnu que les colonnes de von Klück, au lieu de continuer leur route nord-sud, sur Paris, phare lumineux qui faisait l'objectif du plan allemand, s'étaient, depuis Crépy-en Valois, inclinées vers le sud-est, dans la direction de Meaux. Le capitaine Bellenger, frappé de la grande importance de cette découverte, a vainement essayé de se faire entendre par l'état-major de la VIe armée. Alors, pour que son renseignement ne fût pas perdu, il l'a confié aux officiers de liaison de Galliéni et de French. Galliéni a été réellement illuminé par cette information. Il a eu, dès lors, la vision nette de la bataille. Dans l'après-midi du 4 septembre, il eut trois conversations téléphoniques avec le généralissime Joffre pour le persuader qu'il fallait passer à une offensive immédiatement en martelant le flanc que présentait la 1re armée allemande. C'est de ces conversations qu'est sortie l'idée de la bataille de la Marne, qui devait dérouter la tactique allemande. Elle s'est exprimée par les deux ordres fameux, rédigés au grand quartier-général, le 4 septembre au soir, et parvenus aux troupes le 5 au matin. Ces deux ordres, dont le second s'applique aux IVe et IIIe armées, et qui, à vrai dire, ne forment qu'un tableau en deux volets, sont d'une admirable simplicité. Ils honorent grandement notre grand état-major. Ses inspirations, au cours de 1915 et de 1916, ne se sont pas maintenues dans le plan d'un égal bonheur.

Il y a trois facteurs essentiels dans la victoire, en mettant en réserve l'heure du Maître Éternel. Celle-ci a permis qu'en négligeant d'entrer dans Paris à peu près désarmé, les Allemands aient commis deux fautes : la perte de l'occasion de démoraliser la France par la prise de la capitale, objet de leurs vœux.

Le général Cherfils, dans un article paru dans le *Gaulois* (1), met en évidence la fausse manœuvre capitale de von Klück, en quoi réside la cause essentielle de la défaite allemande. « Cette faute dit-il, résulte de la mentalité de l'état-major allemand, qui se meut selon les formules rigides. »

Celui-ci n'a qu'une manœuvre, qu'une conception de la conduite de la guerre. Il cherche à

(1) Voir le *Gaulois* du 18 septembre 1915.

réaliser le débordement et l'enveloppement. Il est tellement convaincu de la vertu infaillible de cette recette que, dès qu'il en voit l'effet se retourner contre lui-même, il se croit perdu. Il n'a plus ni sang-froid, ni liberté de manœuvre et fait souvent une sottise souvent décisive.

Cela était une mesure excellente. Le IVᵉ corps de réserve aurait pu être renforcé par quelques éléments prélevés sur le front sans le désorganiser et disposés en échelons défensifs.

Une organisation défensive sur la rive gauche de l'Ourcq, avec les mitrailleuses, les tranchées et les fils barbelés, que les Allemands avaient déjà employés, aurait pu parer au danger immédiat.

Dans le même temps qu'il faisait accourir les troupes de landwehr du nord, von Klück prélevait sur son front plusieurs corps d'armée, d'abord le IIᵉ, puis les uns disent le IXᵉ, les autres le IVᵉ, peut-être les deux. Il a fait ainsi sur l'aile occidentale de la IIᵉ armée voisine, de Bulow.

C'est l'aventure qui est arrivée à von Klück. Lorsqu'il a vu son IVᵉ corps de réserve refoulé sur l'Ourcq, attaqué en force par des troupes qui avaient déjà été signalées en Alsace et débordé, ce grand enveloppeur, se voyant à son tour menacé d'enveloppement, a pris, pour parer à ce danger, la plus détestable des solutions.

Le télégraphe a immédiatement rassemblé toutes les troupes de landwerhr éparpillées dans le nord. Elles sont accourues en camions-automobiles. Le 8 septembre, ces troupes apparaissaient sur le champ de bataille de Nanteuil-le-Haudouin et surgissaient dans le flanc de la

61e division de réserve, aile septentrionale extrême de la VIe armée. Alors, les IIe, IIIe, IVe et Ve armées allemandes ont été bousculées les unes sur les autres et jetées en déroute.

Von Klück a maintenu, refoulé et maîtrisé la VIe armée ; mais en faisant une aussi large brèche à sa gauche, il a assassiné les armées allemandes. Il a ouvert la brèche par laquelle a passé la victoire française.

On controverse pour decider s'il y eut faute des généraux allemands, en août 1914, quand ils obliquèrent vers l'Est au lieu de continuer leur marche sur Paris, ou s'ils obéirent à un plan préconçu. M. Joseph Reinach dans un article de la *Revue de Paris*, apporte une contribution des plus intéressantes à la discussion.

Les cartes trouvées sur les officiers morts ou prisonniers après la Marne semblent prouver que le plan de l'état-major allemand était bien de poursuivre l'armée française sur l'Aube et de la détruire avant d'investir Paris.

Ce qu'il y a de certain, c'est que les barbares avaient décidé de faire subir à Versailles le sort de Louvain, tout simplement.

C'est M. Pierre de Nolhac, le distingué conservateur du Musée de Versailles, qui nous a appris cela au cours d'une intéressante conférence sur les risques courus par la merveille de l'Ile-de-France pendant l'invasion.

Grâce à sa diligente prévoyance, les plus belles tapisseries, les tableaux et meubles ayant le plus de prix avaient été expédiés en lieu sûr.

« La précaution n'était pas inutile, a déclaré

M. de Nolhac, car il résulte de documents
diplomatiques indiscutables que Versailles devait
subir le sort de Louvain. Les Allemands devaient
laisser autour de Paris une armée de siège, laquelle
investissait le camp retranché par le sud-ouest et
commençait par détruire complètement Versailles
pour terroriser Paris, et lui donner un échantillon
de ce qu'ils feraient de la capitale, si elle ne se
rendait pas immédiatement. »

Il conclut en disant : « Fort heureusement, la
bataille de l'Ourcq survint, détournant la menace
immédiate : la bataille de la Marne achevait de
sauver Versailles, Paris et la France. »

Du reste, l'œuvre maîtresse du général Bernhardi : *La Guerre d'aujourd'hui*, écrite en 1911
et dont la traduction en français a paru en 1913,
contient, à la page 337 du deuxième volume, l'es-
sence du plan offensif de l'Allemagne contre la
France, consistant à pousser l'aile droite vers l'ouest
à travers la Hollande et la Belgique, l'extrême
droite longeant la mer pendant que, dans le sud,
l'aile gauche esquiverait le choc de l'adversaire
et se déroberait par l'Alsace-Lorraine vers le
nord, en laissant à l'ennemi toute liberté d'envahir
l'Allemagne du sud.

« La réalisation de ce plan, dit le général Bonnal,
a été entamée par les Allemands aux premiers
jours, avec des forces très supérieures à celles
que nous pensions et sans avoir besoin d'effectuer
la feinte vers le sud dont parle Bernhardi. Elle
a conduit nos adversaires à remporter la victoire
de Charleroi qui a mis la France à deux doigts de
sa perte.

Fort heureusement, la victoire de la Marne a rétabli l'équilibre en notre faveur. Il n'est pas moins vrai que le projet d'opérations offensives conçu par Bernhardi, en 1911, au cas d'une guerre contre la France, méritait qu'on l'approfondît chez nous, ce qui aurait probablement amené des modifications à notre plan de concentration lorsqu'il en était encore temps. »

Il est évident que si les Allemands étaient venus directement à Paris, la guerre eût été de courte durée, et le danger d'être pris dans leur flanc occidental, par la surprise d'une manœuvre habile, disparaissait du théâtre de leur exploit.

Il y a en toute chose humaine, le Calculateur Suprême, qui connaît l'heure à l'horloge de sa Volonté.

Les trois facteurs de notre succès nous apparaissent d'abord : la sûreté de doctrine du généralissime, l'inspiration de la manœuvre de la VIe armée, l'obstination farouche de la IXe armée et la magnifique manœuvre de Foch, le 9 septembre. Ce sont là les traits qui fixent le caractère de la bataille de la Marne, et en font une des plus belles batailles de l'Histoire. Si elle avait eu une exploitation tactique plus soutenue et plus puissante, si elle avait trouvé la manière de donner à la victoire une exploitation stratégique, qui en a été absente, elle présenterait un modèle d'une perfection incomparable. L'insuffisance de l'exploitation stratégique immédiate, tient à des causes d'avant-guerre lointaines et profondes, dont nous souffrons toujours, et qu'il serait mal séant de signaler ici.

Le général Galliéni a été le génial inspirateur de la manœuvre de la VIe armée. On le savait un administrateur, un organisateur admirable. Il a révélé en ces journées tragiques qu'il avait l'étincelle de l'homme de guerre et l'étoile radiante d'un grand chef. La VIe armée rentrait à Paris pour y être l'armée de la défense. Un autre gouverneur aurait réclamé pour Paris la VIe armée. Galliéni a compris que la défense de Paris était dans la victoire de la Marne. Il y a tout jeté, toute la VIe armée, tout ce qui entrait dans Paris; il mobilisait tous les taxis de la capitale pour l'y jeter plus vite. Il s'y est jeté lui-même en personne.

L'attaque de la VIe armée, commencée le 5 septembre après-midi par une rencontre des divisions Lamaze avec le flanc-garde du IVe corps allemand, a eu une action successive fusante, par suite des éléments qui entraient dans la fournaise bûche à bûche. Si peu massive qu'elle fût, elle a cependant désorganisé toute la 1re armée von Klück et même en partie la IIe armée von Bulow. Elle a incité von Klück à retirer de sa bataille frontale le IIe corps, puis le IVe, puis les éléments des IIIe et IXe corps. Ainsi toute l'aile occidentale allemande craque sous les coups vigoureux de Maunoury, qui a mis à l'exécution de la manœuvre Galliéni toute l'énergie d'un grand soldat.

Alors la tâche devient facile devant les Anglais et la Ve armée. La désorganisation de l'aile droite allemande ne dépasse pas le centre, où Foch trouve la résistance d'attaque obstinée.

Mais la bataille, un instant ébranlée au centre, une fois rétablie par la farouche ténacité de Foch, le vent de la défaite souffle dans les ailes de l'ennemi. Le découragement, la panique se propagent bientôt : c'est la démoralisation qui passe chez eux.

Elle se fait particulièrement sentir le 10 et le 11 septembre, devant les IVe et IIIe armées, qui avaient eu à tenir devant la pression de forces supérieures. Elle entraîne la retraite générale de l'ennemi.

Sans la IXe armée et sans un Foch à la IXe armée, malgré la géniale manœuvre inspirée par Galliéni, il n'y aurait pas eu de victoire de la Marne. Elle a été forgée par le marteau Galliéni-Maunoury, dont Foch était l'enclume. Dans la manœuvre du 9 septembre, alors que son armée est en péril, que son IIe corps avait cédé quinze kilomètres de terrain, il prend à sa gauche son meilleur outil de bataille, la 42e division, Grossetti, choisi à l'ampleur de sa carrure morale ; et après avoir étayé sa gauche avec le Xe corps et des éléments du Ier, prêtés par Franchet-d'Espérey, il décroche Grossetti pour l'amener à sa droite et lui faire faire, à six heures du soir, une attaque de surprise dans le flanc des Allemands. Ceux-ci, se croyant vainqueurs, harcelaient le IIe corps battu. L'entrée en scène de la 42e division, débouchant sur Linthelles en formation de guerre, a été un événement à la Bonaparte. L'annonce par un avion boche de cet événement, a suffi pour arrêter net l'attaque des Allemands et les faire refouler sur Fère-Champenoise ; le fil conducteur était brisé. Le général Foch, qui ensuite a sauvé deux fois la France, le 4 octobre 1914 et vers le 28 du même mois, après l'avoir sauvée sur la Marne, restera dans les pages glorieuses de cette grande guerre de la Délivrance, avec la figure d'un guerrier sans reproche.

Foch, pendant la bataille de la Marne à Fère-Champenoise, se sentant plus faible que l'ennemi aux deux ailes, a eu la hardiesse étonnante de ne laisser qu'un rideau à sa gauche et de faire filer le gros de cette aile à l'aile droite, dont il a pris les assaillants en flanc. Cette manœuvre restera comme un modèle dans les traités de tactique de l'avenir. Si l'on se rappelle que les Allemands cherchaient, contre l'armée Foch, la revanche de leur défaite de l'Ourcq, on verra le rôle capital joué par la victoire de Fère-Champenoise dans la bataille de la Marne.

De son ambiance naît cet ensemble de braves, vraie pépinière de héros, conduite par les mobiles éternels auxquels obéit l'humanité. D'elle émane une exaltation passagère qui les porte au-dessus

(1) Sous un noyer du domaine de Mondement, d'où la vue embrasse tout le champ de bataille de la Marne, qui fut la clef de voûte de la victoire, Foch explique aux journalistes, dans un geste de résolution qui lui est familier, ce qu'était la manœuvre qui décida du premier combat :

« Le général Grossetti... Sa division, la 42ᵉ, devait ici faire ce mouvement... Les éléments s'étaient perdus de vue... Plus de liaison... La division Grossetti, harassée, regagna néanmoins le point qu'on lui avait fixé... Des unités devaient arriver à midi qui n'arrivèrent qu'à la nuit... Mais on a gagné la bataille... »

Rentré de Macédoine au début d'octobre, atteint dans sa santé, le général Grossetti est mort le 7 janvier 1918. Après avoir assuré avec sa division la défense de l'Yser en novembre et décembre 1914, le général avait exercé en Champagne d'abord et devant Verdun ensuite.

d'eux-mêmes. Et ce sont alors les héros de la Marne, de la course à la mer, de Verdun qui vont glorieusement à la conquête du Droit et de la Justice.

La magistrale bataille de la Marne a également son historien, en M. Madelin (1). De son récit ressort le rôle considérable joué par l'armée du général Maunoury, qui fut d'abord inconnu de von Klück, mais contre laquelle l'habile général allemand brisera bien vite sa force. Mais Maunoury réussit à tenir, et le retentissement de cette résistance invincible, gagnant d'armée en armée, favorisa la victoire de nos autres généraux, puis la victorieuse avance de quelques-uns d'entre eux.

Toute la partie militaire du récit est d'une clarté et d'une précision parfaites. Après nous avoir montré la victoire, par répercussion, gagnant d'armée en armée, depuis la première armée engagée, celle du général Maunoury, à travers l'armée anglaise, l'armée Foch qui réussit à enfoncer le centre allemand au moment où elle pouvait craindre d'être enfoncée elle-même, l'armée Franchet d'Esperey, de Langle de Cary, Sarrail qui reconduisit celle du kronprinz au nord de Verdun, tandis que les armées de Castelnau et Dubail tenaient la Lorraine et les Vosges, M. Madelin se demandait quelles furent les causes d'un si admirable événement.

Dans ce rapide exposé, du plus grand fait de cette guerre infernale, nous serions incomplet, si nous n'ajoutions un récit allemand de la « défaite de la Marne ».

(1) *Revue des Deux-Mondes*, septembre 1916.

Nous puisons ce renseignement dans la *Renaissance*.

Il a été fait par un officier allemand, d'un grade élevé, prisonnier, devant un publiciste espagnol, sympathique à la France, qui le reproduisit dans un journal de Bilbao, *Euzkadi*.

D'après l'officier allemand, de la défaite allemande sur la Marne est seul responsable le général de Moltke.

Von Klück avait Paris presque à sa gauche. Von Klück avait merveilleusement mené l'offensive. Il manœuvrait avec une agilité, une rapidité, qui durent épouvanter les Français. Arrivé en face de Paris, il s'arrêta un moment, et communiqua au général en chef, qui était von Moltke, son projet d'entourer la capitale de la France.

Von Klück s'engageait à prendre Paris dans un délai relativement court. Mais un jour passa, et, dans la soirée, Moltke répondit à von Klück en lui ordonnant de ne pas faire cas de Paris et de poursuivre les armées de Franchet d'Esperey, lesquelles constituaient l'aile gauche française.

Von Klück insista sur ce qu'il était nécessaire de prendre Paris, et de nouveau s'engagea à faire tomber la place en quelques jours. De nouveau, Moltke lui ordonna de laisser Paris de côté et de se mettre en marche pour envelopper la gauche française. Pour la troisième fois (déjà deux journées s'étaient écoulées), von Klück envoya à Moltke une communication, lui affirmant que Paris devait être pris, et en même temps lui donnant avis qu'une nouvelle armée française venait de paraître à sa droite.

Moltke mit fin à cet échange de communications en disant que la nouvelle armée n'avait pas d'importance, que Paris devait être laissé de côté comme Anvers en Belgique; et que l'objectif à atteindre était la gauche française.

En conséquence, après trois jours de doutes, d'indécisions, qui arrêtèrent notre marche et donnèrent à Joffre tout le temps nécessaire, von Klück, obéissant à des ordres qui étaient en opposition avec sa façon d'apprécier la situation, attaqua furieusement l'aile gauche des Français. Vous savez déjà, dit l'officier avec une certaine amertume, ce qui se passa par la suite. Comme von Klück l'avait prévu, la VI° armée française, qui était la nouvelle parue, commandée par Maunoury, tomba sur le flanc de l'aile d'attaque, et obligea les Allemands à battre en retraite jusqu'à l'Ourcq. Telle fut la terrible erreur qu'il est impossible d'oublier! C'est ainsi que nous avons perdu Paris : Paris dont nous savions qu'il ne pouvait résister à notre siège, parce que ses forts n'avaient pas de canons lourds pour répondre aux nôtres tout modernes.

Il n'est pas certain que von Klück, n'ayant pas battu les armées françaises en campagne, eût pu si facilement prendre Paris.

Afin de documenter encore plus ce chapitre, il nous paraît utile de signaler la lettre que M. Abel Ferry (1), député, ancien sous-secrétaire

(1)   « Monsieur,

« Je viens faire appel à votre bonne foi, pour rectifier des renseignements erronés, que je trouve dans votre article du 18 mars sur les décisions que j'eus à prendre en juil-

d'Etat aux Affaires Etrangères, a adressée à M. Gustave Hervé, directeur de la *Victoire* — ainsi que les deux articles de M. Georges d'Espartées (1) : *Joffre* et la *Marne — Tenir!* »

let 1814 au sujet du Maroc, en qualité de sous-secrétaire d'Etat aux affaires étrangères.

« J'aurais, écrivez-vous, « donné l'ordre au général « Lyautey d'évacuer Fez et de venir avec toutes ses troupes « se réfugier sur la côte, sous la protection des canons de « nos navires ».

« J'oppose à cette légende un démenti formel. Mais je revendique hautement la responsabilité d'avoir modifié l'ordre de mobilisation des troupes marocaines.

« A la veille de la guerre, il y avait au Maroc 85.000 hommes, nos meilleures troupes, nos meilleurs cadres, nos meilleurs chefs.

« Il n'était prévu par notre plan de mobilisation, en cas de guerre européenne, que le rappel de quatre bataillons, c'est-à-dire de trois à quatre mille hommes.

« J'ai pris la responsabilité de rappeler 36 bataillons, soit trois divisions.

« J'ai pris cette décision au lendemain même de la notification de la note adressée par l'Autriche à la Serbie, sans attendre le retour de Russie du président de la République et de M. Viviani, d'accord avec le ministre de la guerre, et malgré les réserves du général Lyautey.

« Ainsi les troupes marocaines purent arriver à temps pour la bataille de la Marne.

« Divisions d'élite, leur présence au moment décisif fut pour le haut commandement un précieux élément de victoire.

« L'une d'elles traversa Paris pour tourner sur l'Ourcq la gauche de l'armée allemande ; une autre écrasa la garde impériale aux marais de Saint-Gond.

« Veuillez agréer, etc.

(1) Voir *l'Intransigeant* de mars-avril 1918.

NOS MORTS VONT REVIVRE !

Par voie de conséquence, le culte des morts doit avoir une portée éducative essentielle. Il est nécessaire à toute nation consciente pour expliquer, pour désigner, pour démontrer, pour conclure moralement !

Il est incontestable que tous les ans, à l'anniversaire de cette grande épopée, nos souvenirs se porteront vers ces jours tragiques et prestigieux de septembre 1914, où la France debout, l'épée haute, joua généreusement sa vie et sauva le monde de la barbarie.

Nous et nos descendants, revivrons tous les ans en pensée nos angoisses d'alors, tandis que les masses brutales de la Germanie, ivres de leur force, lancées vertigineusement vers la curée promise dévalaient comme la vague d'un formidable raz de marée sur Paris sans défense ! — Paris était prêt à tout subir, mais il avait une foi indomptable en ses soldats.

Dans son roman réaliste : *Heures de guerre de la famille Valadier*, M. Abel Herman rend bien ces heures passées si nobles, si calmes et si lourdes de résolutions, lorsqu'il écrit : « Les Parisiens demeurés fidèles à Paris goûtèrent ce jour-là (le dimanche 6 septembre) une sorte de douceur de vivre, assez bizarrement composée d'angoisse patriotique, de stoïcisme, et d'une secrète confiance qu'ils n'auraient pas lieu d'employer leur courage ni leur résignation, de façon qu'ils en auraient le mérite sans en avoir les inconvénients. Ils étaient de bonne humeur et le temps était merveilleux. »

C'est en quelques lignes la psychologie exacte d'un peuple qui savait le danger proche, mais qui ne tremblait pas de le savoir.

Nous avons connu alors cette fièvre militaire, cet enthousiasme délirant, cet élan patriotique, ces préparatifs intenses qui précèdent l'entrée en guerre.

Après toutes ces angoisses vous souvenez-vous du frisson d'enthousiasme, lorsque nos armées, dans une volte-face sublime, qui fait encore l'admiration du monde, changeant en une foudroyante offensive une retraite qui confinait à la déroute, brisèrent l'élan des vandales ?

Trois ans se sont écoulés. Les préoccupations et les images de la guerre nous environnent toujours ; l'effrayant conflit à cette heure, a entraîné le monde entier, il fait rage plus que jamais. Tous les peuples sont en armes. Et cependant, lorsque nous reportons nos esprits vers les heures éteintes, il semble que nous évoquions des temps d'un autre âge, plus poignants dans leur réalité, plus grandioses dans leur épique beauté, que ceux de ces heures héroïques. C'est déjà tout un monde de légendes où tout apparaît dans une clarté de gloire, de vie ardente, de sublime beauté immortelle.

Impression indéracinable, admiration contagieuse, transmissible d'âge en âge, pour la perpétuité de ces anniversaires sanglants, qui ne peuvent s'éteindre dans l'âme française. Plus la date inoubliable semble disparaître dans le passé, plus son rayonnement monte sur l'horizon du souvenir.

Réveillons ces heures endormies, égrenons le rosaire du souvenir, revivons ces jours sombres de 1914, quand le flot allemand arrivait sur Paris à la vitesse de dix lieues par jour. Pensons aussi aux longues épreuves de notre armée naissante. Pensons à tout l'héroïsme dépensé pour arrêter ce flot débordant. Pensons aux souffrances endurées à ces premières heures tragiques, sous la mitraille ennemie. Pensons aux glorieux blessés de ces premières batailles. Pensons aux morts, si douloureusement nombreux. Pensons aux mères en deuil, aux veuves, aux orphelins, aux fiancées, à ces vieillards qui ont vu la moisson de leur espérance. Tant de douleurs, tant de sacrifices peuvent-ils être oubliés ? Est-il possible que nous nous installions dans la guerre, que nous retournions à nos mesquins intérêts, que nous reprenions le cours ordinaire de nos occupations sans faire un retour sur ce passé lamentablement douloureux.

S'il en était ainsi, réveillons-nous, secouons les langueurs mauvaises et les indifférences coupables. La tâche n'est pas achevée. Raffermissons nos volontés. Sur les tombes de nos morts, jurons d'aller jusqu'au bout. Seulement à ce prix nous serons dignes de leur sacrifice. Les survivants des combats de la première heure se rappellent les tristesses d'août et septembre 1914 : les blessés arrivant péniblement dans les hôpitaux à peine installés, dépourvus de matériel, pour être ensuite évacués, par des trains sanitaires improvisés, dans des wagons sans intercommunication, sans suspension à boggies, sans freinage Westinghouse. Ceux qui ont vu débarquer, dans les gares de l'intérieur, les blessés de cette époque, ont présent à la mémoire le spectacle lamentable de ces malheureux auxquels les soins les plus élémentaires avaient manqué.

Ces souffrances physiques et morales seraient-elles vaines ? Si en était ainsi, nous ne serions plus la France ouverte et pitoyable à toutes les misères humaines. Il faut que ces souvenirs ne nous soient pas seulement propres à nous, mais s'étendent d'âge en âge dans la mémoire des peuples.

Ne voyez-vous pas déjà que ce grand événement compte au nombre des faits capitaux, les plus décisifs de l'histoire humaine, puisque toutes les démocraties marchent aux sons vibrants de la Marseillaise. En arrêtant sur la Marne la brute germanique lancée à la conquête du monde, la France, sentinelle d'avant-garde, a rendu possible la mobilisation des forces vitales de la civilisation menacée. La France, en tirant son épée, a décidé du sort de l'Univers. Cela a été déjà chanté en prose et en vers. M. Henry Bataille célèbre la « *Fête de la Marne* », en accordant sa lyre.

LA FÊTE DE LA MARNE EST LA FÊTÉ DU MONDE !

> Liberté sur la terre et paix dans l'âme humaine.
> Voilà ce qui monta de vos ondes profondes,
> Voilà ce qui jaillit de vos blés, saintes plaines,
> Fleuve et champs de la Marne, universel berceau !...
> De ce pétrissement du sol avec les os,
> De l'amalgame eucharistique et formidable
> De la chair du soldat avec un peu de sable
> Dieu fit renaître un jour, tordant ses blonds cheveux,
> La jeune liberté, cet ange radieux,
> Plus bel encor cent fois que ne l'est l'Espérance !
> Septembre aura connu cette naissance immense,
> Ah ! Quelle fin d'été brilla sur la planète !
> Cinq soleils glorieux dans ces cinq jours de gloire,
> Ont suffi pour illuminer toute l'Histoire !

La défense du sol n'est point achevée, mais la folie démesurée de l'ennemi héréditaire est brisée. Il dépend maintenant de notre persévérance et de notre volonté, que le triomphe, avec l'aide de nos puissants alliés, de notre idéal de justice et de liberté sorte triomphant de la fournaise.

Dans les jours fiévreux de la fin août et du début de septembre 1914, nous n'avions pas nettement conscience du formidable danger que nous courions. C'est, comme dans un rêve, dans une sorte d'hallucination de foi patriotique, que nous avons joué cette terrible partie, où nous avions contre nous : la lente et puissante organisation de tout un peuple, désireux de nous briser dans ses serres.

Dès que nous nous sommes ressaisis, dès que nous avons eu fait abstraction de nos querelles sous la bannière de l'Union Sacrée, alors seulement nous nous sommes rendu compte de l'effroyable cataclysme qui avait foncé sur notre chère France ; un

mot d'oracle, un mot prestigieux et grave, a jailli
du cœur populaire; avec son intuition native, il a
baptisé cette rédemption nationale : le miracle de
la Marne !

Vrai miracle, puisque nous étions à deux doigts
de notre perte, qui vient néanmoins à son heure
renverser et déjouer par ironie tous les calculs
raisonnables, les vraisemblances les plus certaines
de l'ennemi.

Tout dans cette guerre est ironie pour les Allemands : ils paraissent être partout et les maîtres
de tout, mais ils ne peuvent aller au cœur même
de leur ambition.

Et depuis, de jour en jour, la tragique justesse
de ce mot miracle apparaît plus nettement, quand
nous pensons avec un frémissement d'angoisse
rétrospective à tout ce que l'ennemi avait, à tout
ce qui nous faisait défaut dans notre pauvre et
médiocre organisation.

Nous pouvons le dire bien haut, puisque c'est à
notre honneur, sans préparation aucune, avec une
organisation de fortune, que nous avons tenu tête
à la plus formidable volonté méthodique. Et nous
n'en reportons en ces jours, qu'avec plus de ferveur notre culte de reconnaissance et d'admiration
sur les héros dont le sublime sursaut de volonté
indomptable a accompli ce prodige incroyable.

Jours fiévreux et magnifiques, où l'âme de la
France semble animer soudain tous ses enfants,
autour de son drapeau, d'un souffle surhumain.
L'unanimité est merveilleuse, la foi commune est
indomptable : chacun à cette heure n'a qu'une
préoccupation, faire sur l'autel de la Patrie mena-

cée un acte de foi nationale. On sentait dans les rues, dans les gares, dans les établissements publics, l'esprit éternel de la France palpiter au fond de tous les cœurs. C'est lui qui jeta le signal enflammé auquel tous les citoyens français répondirent d'un seul geste, d'un seul bond. C'est lui qui créa l'ambiance de l'avant et de l'arrière, qui enveloppa toutes les volontés dans ce mystérieux magnétisme qui, d'un bout à l'autre de la nation, tendit tout à coup toutes les pensées, tous les vouloirs, toutes les actions vers le but unique : vaincre !

Et tandis que nos sublimes poilus combattent sur le bord de l'abîme, ils se sentaient, eux nos vaillants Titans, adossés aux forces créatrices et libératrices de l'Infini...

O morts sublimes de la Marne, avec quel respect, avec quelle émotion nous saluons, au milieu des champs, des prés, des bois outragés et foulés par la horde, vos humbles tombes parées non seulement de nos fleurs, mais de notre reconnaissance éternelle !

Elles marquent pour toujours la ligne inviolée que la barbarie n'a pu franchir. Malgré sa force numérique : ironie, encore ironie ! qui démontre que la force mise au service de la canaillerie diminue de sa valeur, devant le droit outragé, la justice bafouée.

Cette morale éternelle a encore triomphé, pour le plus grand bien de la moralité de l'individu et des peuples. Dormez en paix, morts augustes de la Marne, vos tombes désormais jalonnent la barrière que votre indomptable vaillance et vos généreuses abnégations opposèrent à cette ruée formidable, pleine d'appétits sanguinaires.

Dormez dans votre gloire. Votre anonymat collectif a sa noblesse, il fait pâlir toutes les célébrités guerrières de vos pères.

Jusqu'à la fin des âges, l'humanité gardera le pieux souvenir de votre sublime sacrifice, et aux jours d'un nouveau péril vos héritiers aimeront à vous crier :

Debout les Morts de la Marne ! (1)

Parce que vous demeurerez dans leurs mémoires, la phalange immortelle de héros qui, dressés dans l'aurore d'une société nouvelle, faite de vos sacrifices, de vos oblations propitiatoires, resterez, pour eux comme pour nous, les vrais rédempteurs de la France.

Tous les ans, en souvenir des jours de deuil, j'aime à parcourir, ô Marne, les villages désormais sacrés, où il y a quatre ans hélas! sont tombés tant de jeunes fleurs tôt fauchées. Sel de notre esprit, sel de notre force sociale, vous fûtes ensevelis dans votre incontestable triomphe. On sent de vos tombes sortir vos âmes farouches et révoltées contre l'envahisseur, qui formèrent alors l'âme de la France brandissant son épée au clair soleil de la justice. Au-dessus des champs, où s'enfonce de nouveau, triomphante, la charrue de vos pères et de vos fils, elle passe frémissante, dans

______

(1) Ce cri fameux, à la fois tragique et sublime, a été jeté dans la mêlée par le lieutenant Péricard. Lire l'interview donnée à M. Maurice Barrès : *Echo de Paris* du 18 novembre 1915.

les plis du vent du soir qui nous fait frissonner.
Car cette âme des morts ne s'est point éteinte
avec vous. Elle revit, immortelle en tous nos
espoirs, puisqu'elle en fut la mère féconde.

Je m'en suis donc allé, solitaire, le long des
coteaux, dans l'herbe haute, à côté des moissons
fauchées, à l'orée des bois dont le vert a déjà
pâli, sous ce ciel gris et doux de septembre, au
seuil des fermes brûlées, aujourd'hui recons-
truites et coiffées d'ocres, battant neuf, à l'ombre
des clochers non encore cicatrisés de leurs nobles
blessures, au son des cloches graves, appelant de
leur glas impressionnant, à la prière, les vivants
pour ces jours solennels, partout où, dans le repos
splendide des choses éloquentes ou muettes, vous,
les morts héroïques, paisiblement, dormez sous
la brise, pendant que nous vous pleurons.

Barcy est devenu une nécropole infinie. Son
plateau n'est semé que de tombes disant l'héca-
tombe de ces jours tristes, elles débordent des
deux côtés du petit chemin qui mène au bois do-
minant Varreddes, que nous reverrons plus lon-
guement dans quelques instants. Puis, j'ai suivi,
une fois encore, la route en lacets descendant sur
l'Ourcq et sur la vallée ombreuse, à droite de
laquelle, au soleil, brillent les toits aigus de
Meaux, et le ruban argenté de la Marne, roulant
paresseusement de boucle en boucle ses eaux
lentes vers Paris. Voici la lisière des taillis où
chantent aujourd'hui les oiseaux, le long de la
tranchée, si peu profonde, où les troupes de von
Klück résistèrent à nos diables de poilus débouchant de Barcy, venus en taxi-autos de Paris,

envoyés en toute diligence par le général Galliéni au travers de Dammartin et de Claye. Les dernières tombes, isolées, couronnées de feuillages, marquent la limite de notre avance à deux cents mètres du ravin. Voici, plus au nord, les trois villages du Multien : May, Rozoy et Acy, où l'aile gauche de l'armée de Paris, la VIe armée, plia, le 9 septembre, sous la poussée effroyable de la Ve armée allemande qui la bousculait pour s'enfuir.

La ruche est en travail, on rentre ici les dernières moissons; les grands chars gémissants, couronnés de la récolte blonde d'avoines, s'en vont cahotant, par la route sinueuse où passa l'artillerie lourde, destinée à incendier Paris. Sur la Grande Place, amplement ombragée d'arbres, à Nanteuil-le-Haudouin, j'aime à contempler l'escalier de pierre historique de la petite poste, où le général B..., le 10 au soir, décacheta, d'une main ferme, l'ultime pli du général Maunoury : « Faites-vous tuer ici, mais ne reculez point. » Personne autour de moi, dans leur pieux pèlerinage, ne pense à cette mémorable minute. C'est là encore que, dans la nuit suprême du 11 septembre, on entendit le cri d'agonie des mourants, tombés face à l'ennemi; sur ce même endroit, la vie a repris ses droits, des enfants inconscients des choses d'hier jouent et crient leur insouciance.

J'ai voulu revoir aussi les villages plus lointains, où tombèrent ceux des armées de Franchet d'Esperey, de Foch et de Langle de Cary, ceux des deux vallées des Moines, des grandes routes claires et des plateaux déserts de Champagne, ceux de La Ferté, d'Esternay et de son château de Montmirail, de la Fère, ceux de la plaine immense de Morin-le-Petit bornée par les collines bleues d'Epernay et de Reims, par-dessus lesquelles le canon nous arrive aujourd'hui en bouffées, comme des pensers confus, au travers d'un rêve. Les arbres de la grande route sont encore ébranchés et les têtes fauchées des grands peupliers rappellent l'ouragan de fer qui précéda la ruée des troupes de Foch vers les marais de Saint-Gond. La nature y est restée plus triste et les villages y ont gardé leurs ruines : Vassimont, Lennharée, Sommesous. Les fameuses pastilles incendiaires y ont détruit les chaumières au ras du sol; l'on manquait l'an dernier encore de crédits et de main-d'œuvre pour redresser les ruines, œuvre infernale d'une force férocement dévastatrice.

Il faudrait pouvoir conduire, en pèlerinage, les enfants de nos écoles, ici et plus avant encore, au pays des bourgades mortes, rasées, effacées du sol, à plaisir, sans excuse, sans besoin, vers Glannes, Huiron, Maurupt, Villers, Sermaize et Revigny, poignée de haillons de villages, attendant leur résurrection.

Et voici presque l'extrémité du champ de bataille géant, où vint se briser la première lame du flot envahisseur. Car, en réalité, il s'étendit jusqu'aux cimes noires arrondies des Vosges, au travers de Verdun et de l'Argonne sombre, où l'armée de Sarrail, accrochée, plia sans crever, comme une soie solide qui se tend sous la poussée de l'eau; il déborda par delà les forêts de Lorraine où l'armée de Castelnau, sur les hauteurs d'Amance, de Sainte-Geneviève et de Champenoux, sauva Nancy et posa la borne première, en disant au barbare : « Tu n'iras pas plus loin! »

Voici, dans leurs guenilles de pierre, Glannes et Huiron, où, le 12 au soir, dans la nuit, se livra le dernier combat de la grande bataille, où nos 155 tirant sans relâche, hors de portée, dans un fol élan, brisèrent leurs freins et tombèrent, eux aussi, comme nos fantassins, anéantis dans leur triomphe même. Le commandant du XIIe corps était mon compatriote, le général Roques, le victorieux de Huron et de Glannes qui, avec ses braves, avaient tenu et donné au delà des limites des possibilités humaines.

Quittons maintenant ce village aux magnifiques blessures, et revenons vers Vareddes et Germigny.

Nous voici à nouveau, vers le soir, sur la longue et large route de Meaux à Varreddes. Elle est toujours, malgré la rafale subie, comme au temps de Bossuet, flanquée de sa merveilleuse allée d'arbres aux troncs séculaires, gros comme des piliers d'église, qui, en été, font une voûte de fraîcheur pleine de majesté.

Naturellement, sur cette imposante voie, la figure de l'Aigle de Meaux s'évoque et plane facilement, puisqu'elle fut si souvent parcourue par le lourd carrosse de Bossuet, se rendant à sa maison de campagne de Germigny-l'Évêque.

Çà et là, quelques arbres montrent leurs glorieuses meurtrissures, mais le renouveau de la nature est là, essayant de dissimuler les plaies, qui racontent les horreurs dont ils furent les témoins.

A gauche de la route, non loin de la briqueterie, on rencontre quelques tombes françaises et allemandes. Les françaises sont fleuries par des mains pieuses. Ce calvaire est dominé par une gigantesque croix, faite d'un arbre ébranché certainement par la mitraille; ses deux bras éployés semblent protéger nos glorieux morts.

Rien n'est plus émouvant que ces tombes perdues çà et là, avec ces petites croix de bois, qui parlent, racontent la gloire du martyre tombé pour la France.

Morts de la Marne, dormez en paix, vous n'êtes point morts en vain, car ces jours-là, plus que jamais furent vos jours. La France n'avait encore, pour répondre à l'industrie de guerre de son formidable ennemi, que le courage et l'héroïsme surhumain de ses enfants. Ce fut ce qui la sauva. Ce fut avec votre chair et votre volonté qu'on arrêta l'acier boche.

Le couchant qui sort superbement de Meaux, comme un globe de feu, enveloppe ce tableau d'un éclat incomparable. C'est une apothéose de tragique grandeur, qui vous émeut jusqu'au tréfond de vous-même.

Un gamin s'engage dans une sente, qui longe cette tranchée funèbre : a-t-il peur?... en tous cas, il siffle éperdûment comme pour se donner du courage.

Plus loin, j'aperçois la hutte du Robinson Crusoé de la route. Je le revois avec son aspect d'avant-guerre, le maître et son chien y sont encore dans leurs routinières habitudes.

Me voici dans Varreddes, le village n'a point changé d'aspect : rien d'anormal. A l'entrée, je rencontre des enfants, drôles et courtauds, gauches et solides, criant entre eux comme de petits sauvages; ils se taisent brusquement devant l'étranger.

On me montre une maison écroulée, qui est devenue le coffre-fort de plusieurs familles de Varreddes. En effet, le curé Fossin et plusieurs de ses paroissiens avaient fait de ces ruines, déjà anciennes, leur cachette si bien truquée que jamais les Allemands ne purent soupçonner les richesses qu'elle recélaient.

Je vais à Germigny-l'Évêque tout d'abord, car j'ai hâte de congratuler M. l'abbé Formé, curé de cette paroisse et pro-curé de Varreddes, qui vient d'être cité au *Journal Officiel*, et a reçu du généralissime Joffre une lettre de félicitations.

M. le curé me reçoit avec une franche cordialité, et me fournit tous les renseignements qui me paraissent nécessaires pour ce travail.

Après quoi, je dois saluer les tombes des dix héros qui entrèrent les premiers dans le village. Leur mort fut pour Germigny l'immédiate rançon de la délivrance. Ils reposent au pied d'une croix, non loin du château de Bossuet et du chemin du cimetière, sous une parure de fleurs imposante. Nombreux sont les visiteurs et surtout les soldats qui viennent prier pour eux, et, souvent des détachements en armes leur rendent les honneurs.

A la nuit tombante, je frappe à la porte de la famille du vénérable curé Fossin, qui demeure à quelques pas de son église, désireux de lui apporter mes sincères condoléances.

M. L'ABBÉ FOSSIN, CURÉ DE VARREDDES

Parler du vénérable abbé Fossin, assassiné lâchement par les Allemands, est pour moi un devoir qui s'impose, non seulement à mon patriotisme, mais aussi à une vieille amitié qui m'unissait à lui.

Il y a quelque trente ans passés que j'ai eu l'honneur de rencontrer M. l'abbé Fossin. C'était au lendemain de la mort de l'illustre cardinal Pie, évêque de Poitiers (1). Secrétaire pendant douze ans, de cet évêque qui illustra son siège, chanoine de Poitiers tout jeune, je le revois encore dans la force de l'âge, tout bouillant de zèle, dépensant sans compter ses talents d'organisateur, qui avaient séduit le cardinal Pie, pour recevoir les pèlerins de Lourdes, à Notre-Dame-des-Dunes (2), qu'il avait su merveilleusement aménager à cet effet.

Pas un Poitevin n'a pu oublier cette physionomie aussi ouverte que sa main loyale. Prompt et dévoué dans le bien à faire, toujours disposé à multiplier ses services, voulant laisser ignorer à sa main gauche ce que la main droite faisait inlassablement, avec autant de tact que de charité. Ses nombreux amis recevaient chez lui un accueil d'un charme particulier et délicat, dont nos curés de campagne gardent, du reste, la touchante tradition.

(1) Discours prononcé pour l'érection de la statue du cardinal Pie, le 9 juillet 1882.
(2) *Guide des Pèlerins*, à Poitiers 1882.

Avec un respect un peu railleur, parfois caustique, mais toujours plein de bon sens et de foi, il aimait à dire, en égayant ses mots d'un bon gros rire : « Ici on trouve le poulet de l'amitié, le lapin de la sympathie, et le vin de la communion fraternelle. »

A la mort de Mgr Bellot des Minières, il quitta Poitiers, pour venir à Paris, prendre la direction de l'œuvre de l'abbé Roussel d'Auteuil. A ce moment on parle de lui pour un évêché. Son ami M. de Briey, chanoine de Poitiers, étant nommé au siège de Meaux, lui offre la petite cure de Bussy Saint-Georges.

Ici l'organisateur se découvre, une fois encore, en restaurant le culte de saint Martin, un peu oublié, dans cette paroisse jadis fidèle au saint soldat : bienfaiteur du pauvre d'Amiens (1).

Il fait présider ces inoubliables fêtes du XVᵉ centenaire par Mgr Renou, archevêque de Tours, assisté de Mgr de Briey, évêque de Meaux, Mgr Le Nordez, évêque auxiliaire de Mgr Pagis, et de l'abbé de Ligugé.

Mes yeux aperçoivent encore Mgr Le Nordez, dans une chaire improvisée, prêcher sur la place du village, au milieu d'une foule accourue de tous les points du département.

Le lendemain, la *Libre Parole* — mon ami Julien de Narfon s'en souviendra certainement — prenait à partie l'abbé Fossin, en lui reprochant d'avoir accepté du baron de Rothschild, vaisselle,

(1) *La cappa ou chasse de Saint-Martin*, à Bussy-Saint-Martin, 1897.

valetaille, victuailles et voitures pour recevoir ses cent invités.

La séparation des Eglises et de l'Etat le trouve curé de Varreddes. Son conseil municipal est radical-socialiste, donc anticlérical. Il exige un loyer du presbytère. Il supprime la sonnerie des cloches, afin d'éviter de payer trois cents francs au sonneur.

Le curé Fossin offre, pour ne point changer les habitudes de ses paroissiens, de sonner lui-même, moyennant une annuité de cent francs.

Ainsi ses paroissiens ne connurent point leur clocher muet à l'heure de l'Angélus. Pour se créer des ressources, il publia un Almanach. Au début de l'année, on le voit des galoches aux pieds, la barrette en bataille, un panier au bras, aller de porte en porte offrir son Almanach (1). Chacun, mécréant ou croyant, lui donne une preuve de sympathie en achetant un ou plusieurs almanachs.

Enfin, il ambitionne de restaurer son église : homme d'action, il dresse des échafaudages et badigeonne lui-même son sanctuaire; pour les figurines des saints, il demande à quelques peintres amateurs de venir l'aider pendant leurs vacances. Et c'est ainsi que son église, qui a vu plusieurs fois Bossuet s'asseoir chez elle, pour catéchiser les enfants de Varreddes, a pu être restaurée.

Voilà l'homme bon, généreux, accueillant que ces misérables ont assassiné, avec un raffinement qui dépeint bien les sentiments qu'ils nourrissaient pour la France et ses patriotes.

(1) En outre, l'abbé F. Paul Fossin a laissé une plaquette sur Varreddes — introuvable.

LE MARTYRE DU CURE DE VARREDDES

« Marquez chaque événement d'un caillou, dit Michelet, le plus grêle d'entre eux servira peut-être un jour de matériel à l'Histoire. »

Pour narrer le drame, dont a été victime l'abbé Fossin, je vais employer la méthode de l'illustre historien en ramassant mon premier caillou dans les *Souvenirs personnels sur la bataille de la Marne* (1), conférence que M. l'abbé Formé, le très érudit curé de Germigny-l'Évêque, a faite à Meaux sous la présidence de M. Lugol, député, maire de la ville.

Écoutons maintenant ce précieux témoin oculaire :

« En me retirant à Meaux, dit M. l'abbé Formé, je me suis trouvé au milieu de la bataille livrée dans le demi-cercle au nord de cette ville, depuis Villeroy, Chauconin, à l'ouest, jusqu'à Varreddes-Germigny-l'Evêque, à l'est. Je me bornerai à vous raconter, ajoute-t-il, toutes les choses affreuses que j'ai vues de mes yeux : *quœque ipse miserrima vidi*, quoique mon cœur, à ce souvenir douloureux, recule épouvanté.

Le mardi, 1ᵉʳ septembre, vers 5 heures du soir, une vingtaine de voitures remplies d'émigrants

(1) 24 mai 1915.

belges et français arrivaient à Germigny-l'Evêque. Touchés de compassion, nous leur distribuâmes les secours dont ils avaient besoin et nous leur fîmes passer la nuit dans la belle propriété de MM. Perrin, les grands éditeurs, l'ancien château des évêques de Meaux. Les Allemands sont derrière nous, nous avaient-ils dit.

Deux heures plus tard, nous apprenions que Lisy-sur Ourcq était évacué. Le mercredi 2 septembre, à 5 heures du matin, l'alarme est donnée dans notre pays. Il faut partir. Nous sommes menacés d'être dans la ligne de feu. Plus des trois quarts des habitants s'enfuient, pêle-mêle. A 7 heures, ma vieille domestique, depuis trente ans à mon service, m'avertit qu'elle a fait ses paquets et qu'elle me laissera seul, si je persiste à vouloir demeurer. Je descends alors dans la rue. Quelques paroissiens terminaient leurs préparatifs. « Monsieur le curé, me disaient-ils, ne restez pas, nous partons tous. » Je prends la dernière place d'une voiture, conduite par le papa Claudin, vieillard de 91 ans. On avait attaché derrière cette voiture une dizaine de vaches dont la marche désordonnée imprimait parfois au véhicule d'inquiétantes oscillations.

Plusieurs d'entre elles brisaient leur longe et il fallait courir à travers champs pour les rattraper. Quel exode angoissant, au milieu des vieillards, des femmes et des enfants affolés ! Nous arrivons à Trilport. Après trois heures d'attente, nous montons dans un train pris d'assaut par une cohue indescriptible. Lorsque le train finit par s'ébranler, nous risquons d'être écrasés.

A Meaux, une foule énorme envahit les wagons que nous venons de quitter pour fuir vers Paris. Le matin même, la municipalité a fait tambouriner que l'approche de l'ennemi paraissait imminente. Les personnes qui voudraient partir pourraient prendre place dans le train mis à leur disposition.

Passant sur le boulevard Jean-Rose, je vois M. le Maire accompagné d'un colonel anglais avec lequel il venait de faire le logement de l'état-major du général Sir Douglas Haig, dans la maison de M. de la Villeboisnet. Nous nous saluons et nous nous serrons la main. — « Monsieur le Maire, lui dis-je alors, nos pays sont évacués et je viens me réfugier à Meaux. — Je suis enchanté, me répond M. Lugol. Vous connaissez tout le monde ici, vous pouvez y faire beaucoup de bien à ceux qui restent, et ils ne sont pas nombreux. »

Hélas ! en effet, c'était la solitude, un vrai désert ! Le silence était morne, lourd, effrayant. Toutes les portes fermées, tous les volets clos. Il me semblait que Meaux était une ville morte et j'avais l'impression d'errer dans un cimetière, dans une vaste nécropole.

Je vais au petit Séminaire, et je demande à M. l'abbé Bizord, supérieur, l'hospitalité qu'il m'accorde généreusement. Je n'avais emporté qu'un peu de linge et les objets les plus nécessaires. Le petit Séminaire avait été converti en ambulance nº 17, de 130 lits. Dans la nuit du 1ᵉʳ au 2 septembre, à 2 heures du matin, les blessés furent évacués sur Orléans.

Nous étions seuls, M. Bizord et moi, mais bientôt le vénérable M. le chanoine Jamain se joignait à nous et nous formions, à nous trois, ce que M. le supérieur appelait aimablement : « la collégiale ».

Dans la nuit du mercredi, 2 septembre, au jeudi 3, l'armée anglaise, en pleine retraite, traversait Meaux. Jamais je n'oublierai cet interminable et triste défilé. Un silence lugubre planait que seul troublait le pas cadencé des soldats. Dans la matinée du jeudi 3, de tous côtés retentissaient de formidables détonations. On faisait sauter tous les ponts, passerelles et bateaux-lavoirs.

Il était environ midi. M. Lugol, pendant toute la matinée, s'était concerté avec M. Testart, premier conseiller municipal, et M. Danvin également conseiller et toutes les personnes de bonne volonté qui avaient bien voulu se joindre à lui. Il se trouvait à l'Hôtel de Ville, arrêtant avec elles toutes les dispositions à prendre pour la constitution d'un Comité chargé d'assurer l'alimentation de la Ville. La réunion allait finir, lorsqu'une personne très émue s'écrie : « Monsieur le Maire, les Anglais disent qu'ils vont faire sauter le pont du Marché ».

M. Lugol s'élance vers le pont et trouve là le général Haig qui avait passé la nuit avec tout son état-major dans la propriété de M. de la Villeboisnet. Et, alors, s'adressant à lui, il le supplie de faire sauter non pas le pont du Marché, mais celui du Cornillon, comme en 1814 et en 1870. Il indique le danger pour les moulins qui sont la beauté et la richesse de la ville de Meaux, les inconvénients de séparer la population en deux parties. Mais le général, après avoir consulté la carte et les officiers du génie, répondit que c'était impossible et que le pont sauterait aussitôt après le passage du dernier de ses soldats. Un sous-officier français envoyé par le colonel commandant la commission de gare venait, alors, dire à M. Lugol qu'on n'attendait plus que lui pour faire partir le dernier train.

M. Lugol étant mobilisé avec le grade de capitaine devait infailliblement, si les Allemands le trouvaient dans la ville, être fait prisonnier. Les Anglais ayant annoncé qu'ils allaient faire sauter le pont de Chalifert, M. Lugol se rendit donc à la gare.

Dans l'après-midi, le pont du Marché est coupé. Toutes les rues y donnant accès sont barrées par nos alliés les Anglais.

Un capitaine dit à l'abbé : « Nous sommes de fameux marcheurs, entraînés à tous les exercices du corps. Eh bien! les Allemands marchent encore plus vite que nous. Voici cinq jours, sans trêve et sans sommeil, qu'ils nous poursuivent. Il font jusqu'à 60 kilomètres dans une journée. C'est une lutte acharnée de marche et d'endurance. » — Néanmoins les Anglais, en fin de compte, furent les plus résistants. Les Allemands ne purent ni les accrocher, ni les désorganiser. Lorsque les alliés, le samedi 8 septembre, par un merveilleux rétablissement, reprirent l'offensive sur la Marne, les Anglais étaient prêts et jouèrent dans cette bataille de la Marne un rôle des plus brillants.

Ce même jeudi, 3 septembre, vers 5 heures et demie, continue l'abbé Formé, je rencontre sur le boulevard Jean-Rose, devant la propriété de M. de la Villeboisnet, une voiture dont le cocher, M. Ducreux, consent à me conduire à Germigny pour chercher, dans mon église, les vases sacrés. Nous sommes obligés de passer par le village de Varreddes, car le pont de Trilport était coupé.

A l'entrée de Germigny, Mᵐᵉ Eugène Canaple, dont le mari est paralysé, accourt au-devant de moi : « Ah ! c'est vous, monsieur le curé ! s'écrie-t-elle. Sauvez-nous ! — Comment, vous êtes encore ici ? Vous m'aviez dit de ne pas m'occuper de vous, qu'on devait venir vous chercher. — Hélas ! personne n'est venu ! — Eh bien ! c'est entendu. Préparez-vous, et demain matin, à 7 heures, M. Ducreux viendra vous chercher, avec deux autres personnes, M. et Mᵐᵉ Lemaire, qui n'ont pu fuir. »

Il en fut ainsi. Dans le village de Varreddes j'avais rencontré le curé, M. l'abbé Fossin. « J'ai été chez vous, me dit-il, pour me confesser. On m'a dit que vous veniez de partir. — Vous feriez bien de venir avec moi, lui répondis-je aussitôt. Vous savez que les Allemands, envers les prêtres sont sans pitié. — Où êtes-vous, me dit-il ? — Au petit Séminaire. C'est votre maison aussi bien la mienne. Là, nous ne fuyons pas le danger, puisque la ville de Meaux, abandonnée par 13.000 habitants sur 14.000, est ainsi jugée dans une très périlleuse situation.

Nous restons également à la porte de nos paroisses, et, en une heure, nous pouvons y revenir.—Oui, c'est vrai, me dit-il, mais moi, ce n'est pas comme vous, j'ai encore 80 paroissiens, et, enfin, à mon âge, que voulez-vous qu'ils me fassent? »

Hélas ! une autre bouche nous racontera son massacre.

L'abbé Formé ajoute :

« Le vendredi, 4 septembre, après avoir ramené de Germigny mes paroissiens, M. Ducreux m'y conduit à 1 heure de l'après-midi. Nous partons avec ma vieille domestique et M. Lemaire. Je voudrais rapporter tous les objets précieux que, la veille au soir, j'avais préparés. Nous arrivons au milieu de la côte rapide qui descend dans Varreddes. Tout à coup, nous apercevons trois cavaliers explorant les bas-fonds du côté du canal, vers Germigny qu'on découvre dans un site ravissant. — « Ce sont des Belges, dit M. Lemaire. — Non, répondis-je, il n'y a pas de Belges dans notre région. — Ce sont des Anglais, dit M. Ducreux. — Peut-être, car ils étaient hier à Germigny ; mais regardez bien, n'ont-ils pas des casques à pointes? — Oui. — Eh bien! Je les reconnais, maintenant, ce sont des dragons allemands. Attention ! Soyons prudents. Continuez d'avancer, mais au pas. Si nous retournions, ils tireraient sur nous. » Nous descendons... lentement.

Nous n'étions plus qu'à vingt mètres d'eux, lorsque, tout à coup, ils tournent bride et se dirigent vers l'entrée de Varreddes. Là, près du pont du canal, la route fait un coude, et il est impossible de voir dans le village. Les cavaliers disparaissent à nos yeux. Il sont peut-être cachés derrière les murs du jardin situé près du pont. Rien ! Nous arrivons au pont. Cette fois, la vue s'étend presqu'à la place de la Mairie. Tenez, les voici, à trente mètres de nous. Et devant la maison du docteur Tabard, il y a un peloton. Le régiment se tient dans l'école, sous les tilleuls. Déjà les têtes de colonnes se dirigent sur le pont de Germigny.

« Comme personne ne fait attention à nous, dis-je au cocher, retournez au pas jusqu'au sommet de la côte, et, de là, au galop jusqu'à l'Évêché. » A l'avenue de la République, plusieurs habitants de Meaux m'interrogent, entre autres M. Durlin, Mme Leclerc... « Que se passe-t-il, M. Formé ? — Les Allemands sont à Varreddes ! » Je rencontre mon vieil ami, M. Hurtel, qui crânement est en famille, avec sa femme et ses enfants. « Qu'avez-vous, me dit-il, et pourquoi courez-vous ainsi ? — Les Allemands sont à Varreddes ; ce soir, ou demain matin, ils rentreront à Meaux. — Mais non, s'écrie-t-il, vous vous trompez ! » Mais je compris qu'il disait cela pour ne pas effrayer les siens. Je vois, un peu plus loin, un autre de mes bons amis, M. Testart, si longtemps capitaine de nos chers pompiers. Il sortait de l'hospice où il assistait, dans son rôle très difficile, M. Sassot, son dévoué directeur. Il se multipliait encore pour remplir ses devoirs de premier conseiller municipal, tandis que M. Danvin, resté dans le quartier du Marché, veillait avec M. le curé, mon cher confrère, l'abbé Duperche et d'autres zélés citoyens à tous les besoins de la population.

Nous arrivons, enfin, à l'Évêché. Je demande à voir Monseigneur, immédiatement. On m'introduit. Monseigneur était entouré d'une dizaine d'hommes environ. « Qu'est-ce qui vous amène ici, me dit-il ? — Monseigneur, j'ai le regret de vous annoncer l'arrivée des Allemands ! — Où cela ? — A Varreddes. — Mais, non, c'est impossible ; vous vous trompez ! — Non, Monseigneur, je ne me trompe pas. Je vous le répète : j'ai le regret de vous annoncer l'arrivée des Allemands à Varreddes. — Mais non, mais non ! » Un de ces messieurs se lève, alors : « Monseigneur, si l'abbé Formé vous le dit, c'est vrai, car il les connaît ! — Eh bien ! Messieurs, dit alors Monseigneur, à demain, à la même heure, si les circonstances le permettent. » Nous restons seuls, Monseigneur et moi. Soudain, Monseigneur très ému : « Avez-vous vu mon frère ? s'écrie-t-il. — Votre frère, Monseigneur ? — Oui, mon frère, vous ne l'avez pas vu ? — Mais non, Monseigneur. — A quelle heure êtes-vous parti ? — A 1 heure. — A quelle heure êtes-vous revenu ? — A l'instant. — Et vous n'avez pas vu mon frère ? — Monseigneur, ma voiture est à votre porte ; si elle peut vous être utile, nous irons à la recherche de votre frère. » Monseigneur sort dans la rue.

Tout à coup, quatre hommes débouchent au coin de la rue, en face de l'épicerie Cornet. « Ah ! le voici, mon frère, » s'écrie Monseigneur ! C'était lui, en effet, avec deux contre-maîtres de l'usine du ferro-nickel à Lizy sur-Ourq et Alfred Dagneau, chauffeur de Monseigneur. Ils avaient été faits prisonniers au même endroit où j'avais failli le

devenir et conduits au général en chef à Barcy.
« Regardez, leur dit ce général, comment est faite
une division allemande. Allez-vous en à Meaux,
je vous rends la liberté — je garde votre auto —
et dites que, demain, à la même heure, nous
serons devant Paris. »

Le lendemain, samedi 5 septembre, à cette
même heure, la bataille de la Marne commençait.

Les Allemands n'étaient pas devant Paris.
Paris et la France allaient être sauvés *miraculeu-
sement !* »

Ces derniers mots de l'orateur sont frénétique-
ment applaudis.

« Il était 1 heure un quart, continua l'abbé
Formé. Nous sortions du réfectoire, M. l'abbé
Bizord et moi, lorsqu'un formidable coup de
canon retentit du côté de Villeroy. Bientôt, le
crépitement des mitrailleuses, le vacarme de la
canonnade jetèrent l'alarme parmi la population.
La bataille se rapprochait de Meaux. Nous dis-
tinguons les lueurs sinistres de l'incendie. C'est
la ferme Proffit, à Neufmoutiers, et quelques
maisons de Chauconin qui brûlent. Bientôt c'est
le tour de la ferme de Chaillouet.

Le dimanche, 6 septembre, à 6 heures du
matin, la bataille recommence. A notre grande
joie, nous constatons qu'une batterie de 75 est
sur les hauteurs de Crégy. La canonnade dure
jusqu'à 9 heures du soir.

Le lundi, 7 septembre, dès 5 heures du matin,
la bataille est épouvantable au nord de Meaux,
puis au nord-est, vers Chambry, Barcy, Varreddes,
Germigny-l'Evêque, Étrépilly, M. l'abbé Bizord,

M. l'abbé Jamain et moi nous disons notre messe. Quelles messes ! Nous nous les servons mutuellement. Le canon nous fait tressaillir et ébranle l'autel. Les distractions furent nombreuses et toutes les rubriques ne furent pas observées. Vers 11 heures du matin, Meaux commence à être bombardé. Les obus viennent de Germigny-l'Evêque, ma paroisse, et quels obus !

Nous étions à l'Hôtel de Ville, Mgr Laveille, M. Bizord et moi. Dès les premiers coups nous nous replions. Rue Notre-Dame, devant la maison Vilpelle, nous recevons sur la tête et les épaules des gravats. Nous entrons à l'Evêché. Vers 11 heures et demie, Monseigneur nous invite à déjeuner. M. Bizord répond : « J'ai charge d'âmes et j'ai le devoir de mettre mon personnel en sûreté. » Cela dit, il me regarde ; je le comprends et nous partons sous les obus qui éclatent au-dessus de nos têtes.

Dans la rue de Chaâge, nous rasons les murs de la propriété de M. de la Villeboisnet. En nous voyant passer, Mlle Bocquet ouvre sa fenêtre : « Hein ! Monsieur le Supérieur, s'écrie-t-elle, hein ! comme ils tirent bien, nos amis les Anglais ! Seulement, c'est drôle, ils cassent tous nos carreaux ! » Malgré le comique de cette réflexion, nous continuons d'avancer, obligés souvent de nous baisser.

Le passage à niveau est franchi. Tout à coup, M. Hurtel sort de chez lui. « Je crois bien, nous dit-il, que ces... gredins-là nous bombardent. » Et il marche avec nous, inconscient ou plutôt insoucieux du danger. « Rentrez chez vous, lui

disons-nous ; vous risquez d'être tué ! » Nous voici
au Séminaire. M. Bizord fait descendre dans les
sous-sols le personnel et tous les habitants du
quartier qui déjà sont venus s'y abriter. Pendant
deux jours et deux nuits, le Petit Séminaire sera
l'asile de tous ces réfugiés. M. Bizord leur don-
nera de grand cœur le vivre et le couvert avec le
réconfort moral.

De 2 heures à 6 heures, le bombardement
redouble d'intensité. Cinq obus éclatent dans
le Séminaire, trois tout à côté et le quartier
est copieusement arrosé. La bataille devient
effrayante. De 3 heures à 5 heures, le crépitement
ininterrompu des mitrailleuses et de la fusillade
nous plonge dans l'angoisse, bien plus encore que
le fracas du canon. Nous étions, comme tous les
jours, aux différentes fenêtres du troisième étage.
C'était notre théâtre, notre cinéma ; mais quel
théâtre, quel cinéma ! Au fracas énervant des
rafales du 75, nous tombons à genoux et nous
récitons le chapelet pour nos soldats qui se bat-
tent si près de nous. Toute ma vie je me souvien-
drai de ce chapelet. Si la diction laissa beaucoup
à désirer, la prière fut pleine de ferveur. Avec
quelle ardente supplication nous disions : « Saint
Louis, sainte Geneviève, sainte Clotilde, bien-
heureuse Jeanne d'Arc, priez pour nos soldats ! »

Le bombardement de Meaux cessa vers 6 heures du soir. Le vieux cimetière lui-même est très
éprouvé. Quelques jours plus tard, je conduisais
à ce cimetière M. Lugol, maire et député de la
ville de Meaux. Je le verrai toujours devant les
tombes dont les ossements étaient à découvert.

Le képi à la main, les yeux humides, il contemplait une de ces tombes où nous lisions : Ici repose en paix..... en 1844 ! Et soixante-dix ans plus tard, les obus bouleversaient cette tombe sacrée ! « Voilà, m'écriai-je, voilà la paix d'ici-bas, dans laquelle le défunt devait reposer *pour toujours !* » Oui, pour toujours, car sur un morceau de pierre nous lisons : Concession... et plus loin, sur l'autre fragment : *à perpétuité* ! « Telle est, ajoutai-je, telle est, monsieur le maire, la perpétuité des choses humaines ! » Et nous sortîmes tous deux du cimetière, silencieux, plongés dans de profondes réflexions.

De 9 heures à minuit, c'est vers Varreddes, Germigny-l'Évêque, Etrépilly qu'une bataille nocturne reprend. Les cris de chacals des marocains et des turcos se mêlaient au bruit des mitrailleuses et du canon. Et dans les profondeurs du ciel, une lune superbe, au milieu des étoiles, se balançait paisiblement et de sa douce lumière éclairait et baignait cette scène d'horreur !

Les blessés arrivaient alors au Séminaire et plus nombreux encore, le lendemain mardi. Mais il me faudrait une autre conférence pour raconter tous les détails au sujet de la mentalité de ces blessés et particulièrement des marocains et des turcos. De quels soins généreux et dévoués ils furent entourés, par M. l'abbé Bizord, par deux Sœurs Augustines et les dames volontaires qui veillaient sur eux !

Le mardi, 8 septembre, de grand matin, la bataille recommence. Mais elle va s'éloigner. Ici, je veux raconter un trait dont le récit me fera

rendre encore et toujours hommage à la vérité.
Ce mardi 8, en pleine rage de la bataille, M. G. La
Peyre, sous-préfet de Meaux, courait à Neufmou-
-tiers où se trouvaient neuf majors français. « Venez
à Meaux, leur dit-il, auprès de nos blessés ! — Impossible, sans l'autorisation du médecin principal
Collinet, » lui fut-il répondu. Celui-ci exige à son
tour un ordre du général de division qui était à
Penchard sur la ligne de feu. Sans hésiter, M. le
sous-préfet l'aborde, au milieu des obus qui éclatent de tous côtés. Il obtient du général Drude
trois médecins-majors, mais après promesse de
les renvoyer le soir même. Le général lui remet
alors un ordre écrit qui restera entre les mains de
M. le sous-préfet comme un précieux témoignage
de sa bienfaisante activité et de son courageux
dévouement envers nos blessés de Meaux.

Ce même mardi, 8 septembre, les Allemands
firent sauter le pont de Germigny-l'Évêque, pour
assurer leur retraite. Un sergent-major et neuf
soldats français du 117ᵉ de ligne arrivaient par le
sud de Germigny. Nos dix héros y furent tués.
Leur mort fut pour Germigny l'immédiate rançon de la délivrance.

Outre le pont détruit, les Allemands ont incen-
dié la ferme de Germigny et ses bâtiments. De
nombreux obus français sont tombés dans le
village. Les vitraux de l'église sont percés de
balles. Il en était de même pour les fenêtres de
ma salle à manger. Je ne veux rien dire du pillage
du presbytère et des autres maisons. Ce fut un
vrai pillage allemand, cela suffit. Les barbares ne
m'ont rien laissé de précieux. Ils ont pris tous les

souvenirs dans lesquels je puisais mes seules et dernières joies. Mais qu'importent tous les souvenirs, qu'importent toutes les joies, à côté du souvenir de notre victoire, à côté de la joie de notre libération? C'est chez nous qu'a été remportée cette victoire de la Marne à laquelle il faut revenir, parce qu'elle a été le salut de la civilisation.

Chez l'instituteur de Germigny-l'Évêque, M. Eugène Ourry, les Allemands ont jeté dans un seau hygiénique deux croix de la Légion d'honneur. Dans un buvard, ils ont laissé un billet en allemand dont je lui ai donné la traduction : « Toi, lâche, faux, ordure de Français, tu dois apprendre à nous connaître, nous autres Allemands. » Et dans la salle de classe, on lisait cette inscription sur le tableau noir : « A Paris ! Avec les meilleures salutations des Poméraniens. »

Le mercredi, 9 septembre, M. Hurtel et moi, dans l'automobile du général Pau, nous voulons aller à Germigny par le champ de bataille de Varreddes. Mais à la Briqueterie, malgré le mot d'ordre, les chasseurs d'Afrique refusent de nous laisser passer. « Vous seriez en danger d'être tués, nous disent-ils, il y a encore des Allemands dans les petits bois. »

Vers 3 heures de l'après-midi, j'y retourne seul. Le capitaine, me voyant décidé, me dit : « Passez à vos risques et périls. Auparavant, commencez votre ministère par nos propres soldats. » Sur quatre corps déchiquetés, je récite le *De profondis.* Mais il m'est impossible de l'achever. Je voyais les pleurs couler lentement des yeux de nos soldats, baigner leurs armes et arroser la terre. J'arrive à Varreddes non sans grandes difficultés. Les grosses branches des arbres qui bordent la route de chaque côté, tranchées par les obus de 75 comme par un gigantesque rasoir, la couvraient dans toute sa largeur, et de nombreux cadavres jonchaient la terre. Près du pont du canal de l'Ourcq, je trouve bien alignés environ deux cents jolis paniers de shrapnells que les Allemands n'ont pas eu le temps d'emporter. A l'entrée du village, quatre uhlans avec leurs chevaux étalés. A la demande de ces cavaliers, deux vieillards leur tendaient un verre de vin, lorsque, tout à coup, un obus de 75 bondissant éclate avec fracas. Il fauche les quatre uhlans et par un hasard providentiel épargne les deux vieillards qui se sauvent épouvantés. Une ambulance est installée dans la maison de Mme Duclos. J'entre dans le salon. Sur un peu de paille gisent des soldats allemands affreusement mutilés. Auprès d'eux, aucun major, aucun infirmier. Ils me crient tous : « Wasser ! Wasser ! » de l'eau ! Une douzaine de catholiques demandent à se confesser.

Le lendemain, jeudi, 10 septembre, je reviens à Varreddes avec M. Ducreux et M. l'abbé Herbin, aumônier des Augustines de Meaux.

Dans l'église de Varreddes, veuve de son vieux curé, que nos ennemis, furieux de leur défaite, ont ravi à son domicile, de nombreux Allemands sont venus chercher un asile. Mais là encore, aucun médecin, aucun infirmier. Seul, sur sa croix, du haut de l'autel, le divin Crucifié, les bras tendus, leur prêche le sacrifice et la charité. Je prodigue les consolations religieuses aux catholiques.

Mais je suis indigné que les Allemands aient saisi comme otages dix-neuf habitants de Varreddes, et avec eux M. le curé, l'abbé Fossin, mon vieux voisin, âgé de 75 ans. Je ne peux me retenir de leur faire entendre ce que je pense de leur cruauté : « J'estimais le peuple allemand. Je vantais votre obéissance, votre courage, votre esprit de famille et de sacrifice, votre patriotisme ardent. Mais depuis que vous avez emmené les habitants de ce village et leur vieux curé, sans pitié pour ses infirmités, sans respect pour son caractère sacré, je ne peux plus nourrir ces sentiments à votre égard ». A ce moment, un soldat s'approche et me prend le bras : « Un officier veut vous parler, » me dit-il. Il me conduit près de la stalle, à l'entrée du chœur, du côté de la chaire. Là, sur la paille, est étendu un officier supérieur. « Monsieur le Pasteur, me dit-il, j'ai entendu tout ce que vous avez dit. Il y a des choses justes et vraies. — Oui, les qualités que je vous ai reconnues. — Oh! Monsieur le Pasteur, le moment n'est pas de plaisanter. Mais vous nous reprochez d'avoir pris le vieux curé de cette paroisse. Sachez, et c'est toujours très grave pour nous, sachez qu'il a été vu dans son clocher. — C'est un prétexte, m'écriai-je, et c'est faux. — Eh bien, il sera jugé ! Je ne suis pas catholique, mais évangéliste. Cela ne fait rien, le bon Dieu est le même pour tous. Voulez-vous me bénir, voulez-vous prier pour moi, voulez-vous me donner votre main? Dites à ce prêtre qui est là de faire la même chose avec vous. » Je traduis son désir à mon confrère, M. l'abbé Herbin, et j'ajoute : «Nous ne pouvons pas lui refuser cela. » Je prends la main gauche de cet officier, M. Herbin, la main droite, et nous récitons le *Pater*. A ces paroles : « pardonnez-nous nos offenses, comme nous pardonnons à ceux qui nous ont offensés », nous pleurions tous les trois !

— « Courage et confiance ! lui dis-je alors. Les Français ne sauraient tarder et vous serez soigné avec humanité. — Trop tard, monsieur le Pasteur, regardez ! » Et prenant un verre moitié plein de sang sur le prie-Dieu : « Hélas ! j'ai les deux poumons perforés ? »

A Lizy-sur-Ourcq, où seulement 38 habitants sur 1.900 sont restés, il y a trois stations de blessés allemands. Dans l'école, le fameux major Davidson est très occupé à extraire des éclats d'obus. Il quitte son patient et m'accueille avec la plus grande courtoisie. « Je viens consoler religieusement vos blessés et vos mourants. — Faites votre devoir, monsieur le Pasteur. — Mais je ne connais pas la disposition de vos ambulances. Faites-moi accompagner. » Il me donne un soldat du corps de santé qui me conduit dans toutes les salles.

Voici un blessé catholique atteint de tétanos. Il fait de tels soubresauts, avant de s'immobiliser à jamais. que je ne peux l'approcher et que je suis obligé de lui donner l'absolution du seuil de la chambre où il est isolé. Là, deux blessés reposent sur la même couche. L'un est catholique et l'autre protestant. Le premier veut se confesser. Mais il ne pourrait le faire sans être entendu de son voisin. La confession publique n'est pas obligatoire et je l'en dispense. Je l'absous. Un autre blessé catholique, à qui je pose cette première question : « Depuis combien de temps vous êtes-vous confessé? » me répond : « Oh! déjà deux fois depuis que je suis en France. Mais les deux prêtres français, ne parlant pas allemand, m'ont donné tout de suite l'absolution. L'un d'eux m'a fait cadeau d'un crucifix. »

Et alors, écartant sa capote, il me montra une belle croix en cuivre sur sa poitrine déchirée. Avant de quitter chaque chambre, je voyais les blessés se soulever péniblement : « Est-ce bientôt la paix, monsieur le Pasteur, s'écriaient-ils! *Ist es bald der Friede?* — Pourquoi nous avez-vous déclaré la guerre? répondais-je aussitôt. — Mais non! Ce sont les Français qui nous ont provoqués! » Et jamais je n'ai pu convaincre un seul d'entre eux, pas même les officiers.

Ah! ils sont bien coupables, les impudents calomniateurs qui ont ainsi trompé le peuple allemand et faussé tous les esprits. L'Histoire qu'on appelle avec raison, dit notre grand Bossuet, la sage *conseillère des princes*, l'Histoire qui met la *Vérité au-dessus de tout*, clouera ces hideux princes du mensonge au pilori moral. Éternellement, ils y seront couverts de tout le sang répandu dans cette guerre effroyable, selon l'expression de leurs blessés que j'essayais de consoler : « *Ach! schrecklicher Krieg!* Ah! quelle guerre épouvantable! »

Avant de me retirer, je ne peux m'empêcher de

dire, avec satisfaction, à un officier : « Vous reculez maintenant ! — C'est vrai, me répondit-il, et *nous ne comprenons rien à ce recul.* » Et, alors, animé d'une patriotique ardeur, les yeux étincelants : « Mais l'Allemagne tout entière va se ruer contre vous et nous mourrons tous jusqu'au dernier : *Wir alle wollen bis zum letzten sterben !* »

« Nous ne comprenons rien à ce recul ! » C'est ce que nous disaient aussi plusieurs officiers français : « Que l'on prêche, ajoutaient-ils, le *Miracle de la Marne* et que l'on prie Dieu de nous en accorder de pareils ! »

Lorsque je fus sur le point de quitter Lizy, conclut l'abbé Formé, le major Davidson, très ému, me remercia chaleureusement : « Monsieur le Pasteur, me dit-il, je vous remercie au nom de Dieu, au nom de l'humanité, au nom de la nation allemande, du bien que vous avez fait à nos soldats. » Je dois dire que chacun d'eux, après l'absolution, baisait ma main qui venait de répandre sur lui la divine réconciliation. Ah ! quel sublime ministère sacerdotal ! Pardonner à ses ennemis, absoudre ses pillards au nom de Dieu ! Mais je n'aurais été ni un prêtre juste, ni un vrai Français, si je n'avais pas énergiquement blâmé les soldats allemands d'avoir dévasté nos propriétés.

— « Nos chefs, m'ont-ils répondu, nous permettent de piller toutes les maisons abandonnées. »

C'est donc encore le haut commandement qu'il faut rendre responsable de cette mentalité, comme c'est lui le vrai coupable du bombardement sacrilège de nos cathédrales, de nos églises et de tous nos monuments. Piller les biens des citoyens paisibles et innocents, c'est un vol. Et si ce vol se fait avec violence, il prend alors, en théologie, le nom de rapine et de brigandage. Nul n'a le droit, par un autre enseignement, de pervertir les esprits et de fausser les consciences.

Mais peut-être, après tout, cet état d'âme est-il naturel aux Allemands ! Et leur conduite criminelle envers nous, nous donne le droit de leur appliquer ces paroles de Virgile à l'égard d'une nation sauvage, d'un peuple de proie : *Horrida gens !* « Tout armés, dit le grand poète latin, ils retournent la terre ; ils aiment à charrier des dépouilles toujours nouvelles et à vivre de rapine ! » (1).

Tels sont les événements que j'ai vus se dérouler et ceux auxquels mon ministère pastoral m'a forcé de prendre part. »

Ainsi a parlé à Meaux M. l'abbé Formé, devant un nombreux auditoire de concitoyens émus. Maintenant, j'emprunte mon deuxième caillou à M. F. Lébert, bibliothécaire de la ville de Meaux, qui a conté lui aussi ce drame dans la *Revue Hebdomadaire* du 2 septembre 1916.

Le vendredi 4 septembre, des uhlans apparaissent à 8 heures du matin. Ils font le tour du pays, afin de s'assurer qu'il n'y a plus d'Anglais, et le gros de l'armée allemande envahit Varreddes, à 9 heures, venant de la direction de Barcy.

Ils y restent toute la journée, organisant le pillage des maisons qui ne sont pas habitées. Le

---

(1) *Armati terram exercent, semperque recentes Convectare uvat prœdas et vivere raplo.*

samedi 5, ils repartent et rentrent le jour même, vers 10 heures du soir. Une partie des troupes avait préparé des tranchées sur la route de Meaux.

Dans l'après-midi de cette même journée du samedi, vers 2 heures, un aéroplane français survole Varreddes. Tout à coup, aux yeux effrayés des habitants, dans un virage, l'avion pique et vient s'abîmer près du pont, non loin de la route de Soissons. Appareil et aviateurs se brisent. Les noms des héros : lieutenant Jean Ragot et sergent Cahen.

L'église est transformée en ambulance et le vieux curé Fossin se multiplie, malgré son grand âge, pour aider à soulager les blessés qu'on y apporte.

Le dimanche 6, la bataille s'engage en avant de Varreddes ; elle se termine le 9.

— Nous avons reçu une pluie de fer, écrit le curé Fossin.

Dans l'ambulance de l'église, on avait rassemblé les blessés atteints légèrement. Le curé Fossin, pendant cette journée du lundi 7, va les visiter à nouveau, leur portant encore des soulagements et des consolations. En le voyant, ils oublient leurs misères et lui tendent la main. Le curé la leur serre de bon cœur ; son ministère religieux et son caractère charitable lui font oublier que ce sont là des ennemis. Ils souffrent, ils ont faim, le vieux curé se désole de n'avoir pas de pain à leur donner. Moins d'une heure après, il devait être leur victime.

La première victime choisie est, en effet, le curé Fossin, âgé de 76 ans. Il a passé en partie la journée à l'ambulance de l'église, enterré les deux aviateurs français et déjeuné chez Mlle Goulle. Fatigué par les émotions, et d'ailleurs souffrant de rhumatisme, il s'est couché, lorsqu'on vient, à 9 heures du soir, heurter au presbytère. On le force à se lever et alors une scène indicible se passe.

Le curé demande ce qu'on lui veut ; il apprend qu'il est accusé d'avoir fait des signaux à l'armée française du haut du clocher et d'avoir été ainsi la cause de la défaite des Allemands. Il veut discuter cette accusation, prouver son innocence ; il invoque son impuissance physique à grimper dans le clocher, il indique l'emploi de son temps consacré aux blessés allemands dont l'église est pleine et qui auraient pu le voir monter dans le clocher. L'âge, les infirmités, les bontés qu'il a eues pour les Allemands, son caractère, rien n'arrête les furieux.

On le bouscule, on le frappe, on l'injurie, on lui crache au visage, on le pousse dans la mairie d'où il ne sortira que pour quitter Varreddes. Il y passé la nuit assis sur un panier à légumes ; on l'y vit encore le lendemain matin, disant son chapelet. Les soldats allemands bousculent le curé Fossin, le traitent d'espion, le brutalisent atrocement et le jettent dans les orties. Vers 9 heures du matin, on fait comparaître le pauvre curé devant un semblant de conseil de guerre composé d'officiers. La séance a lieu dans le hangar de M. Garnier. Aucun ne sait suffisamment notre langue ; ils prennent, comme interprète, un soldat français, qui devait être détenu plus tard à Exfürt.

On répète au curé l'accusation, dont il est l'objet, d'avoir fait du haut du clocher des signaux à l'armée française. Il proteste de nouveau de son innocence et rappelle qu'il a organisé une ambulance dans son église où il a soigné lui-même les blessés allemands, il invoque la reconnaissance de ceux-ci, qui l'accueillaient par des appels et des serrements de main.

Quatre soldats boches viennent l'accabler de leur témoignage mensonger et le capitaine président conclut, en cherchant maladroitement ses mots et en s'adressant aux autres otages de Varreddes rassemblés : « Le curé a menti ; c'est un espion, il sera jugé. » Les témoins de cette parodie de la justice ont compris que cela voulait dire fusillé. Ils ont des larmes aux yeux quand, quelques instants plus tard, ils partent, laissant le vieux curé accroupi dans un coin de la grange, surveillé étroitement par deux soldats allemands.

Depuis, on ne l'a plus revu et l'on ignore ce qu'il est devenu, mais il y a tout lieu de croire qu'il a été fusillé peu après.

Le doute n'est plus permis, après quatre ans de guerre : Si l'abbé Fossin n'avait pas été tué, il aurait donné depuis longtemps de ses nouvelles.

Les barbares se sont rendus ainsi une fois de plus coupables de la mort d'un juste, d'un vieillard et d'un prêtre : triple onction qui devait le rendre sacré.

Qu'importe ! Marne, restera un mot magique dans notre histoire, tandis que pour les Allemands, il demeurera un mot plein d'ironie.

Oui, il est des mots dont la magie unit tous les

cœurs, il est des heures où cette union sème l'héroïsme.

C'est le cas de cette célèbre bataille de la Marne. Nous étions inférieurs en nombre et en moyens à Charleroi, sur la Marne et en Flandre. A Verdun notre artillerie fut écrasée par une artillerie qui qui la dominait épouvantablement. Or, nous fûmes vainqueurs à la Marne, dans les Flandres, à Verdun. L'ironie seconde décidément la vaillance.

Notre France qui *n'a pas le droit de mourir*, (1) a connu dans son histoire d'autres journées resplendissantes, elle n'en a point connue d'aussi grande. Austerlitz et Valmy pâlissent auprès de la Marne. Car ce n'est pas seulement pour sa gloire ou son indépendance qu'elle combattit cette fois, mais pour la liberté humaine. Vaincue, nul ne pouvait la secourir, victorieuse, elle sauvait le monde.

Elle l'a sauvé par sa généreuse immolation. Aux vivants, maintenant, de parfaire l'œuvre des morts.

(1) Paroles du Dr Muehlon, ancien associé de Krupp; criant partout sa honte patriotique.

622 — Imp. Art. " Lux ", 131, Boul. St-Michel, Paris